編者說明

　　靈鷲山開山和尚　心道師父自西元二〇〇九年推出一分禪，此可謂平安禪法的一大方便法門。然而，大眾若要透過此方便法門而獲得最大利益，必須要能好好領會一分禪的要訣、精神和意義。

　　為了這一理由，編者特別從心道師父這兩、三年的相關開示中，選出一分禪的原理與實際操作方法中的要訣內容，以供有志禪修者參考。

另外，禪修是一門非常講求實際操作方法的修行方式，一分禪雖然簡單易行，但希望有志修習者還是能夠盡多參加靈鷲山的各項禪修活動，透過共修而領會這當中的殊勝與奧妙。

靈鷲山三乘研究中心

目 錄

一分禪的緣起和意義

　　我們知道，現代人因為外在環境的干擾，或者是經濟上的問題，以至於各式各樣的問題造成身心的不安定，讓我們在生活中常覺得很煩，累積種種內心的問題，造成憂鬱症、躁鬱症，甚至自殺。大環境方面，今天這個地球暖化，到處瀰漫著不寧靜，讓這個地球災難重重。所以，我們一直在推動心和平以至於世界和平的工作。

　　例如，從二〇〇三年起我們每年都舉行萬人禪修活動，在我的親自帶領之下，讓參與民眾體驗平安禪所帶來的和平與寧靜，更希望大家能夠把這種祥和狀態帶進日常生活。到了二〇〇八年，我們推動寧靜、愛心、對話、素食、環保袋、節能、減碳、節水、綠化等愛地球的九大生活主張，把透過禪修而獲得的平安和寧靜擴大為全球寧靜運動，希望藉著具體行動來幫助地球平安，這可說是我常講的「心平安了，世界就平安了」的具體落實方案。

　　全球所有問題幾乎都是因為我們的「心」出了問題，因此，處理這些問題也是從「心」開始，從內心和平到世界和平，從內心寧靜到整個世界、全球的寧靜。所以，我們推行每天禪坐三次，每次九分鐘的平安禪，以禪修激發內在的能量和直覺，使得身心靈都能夠安靜、寧靜與祥和，並且把這份和平的喜悅影響社會，為世界帶來祥和。

　　在推行全球寧靜運動時，我們推廣「寧靜手環」，目的無非也在提醒大家，每天抽出時間讓自己寧靜下來，手環的兩面分別是紅色和白色，當白色面朝外，表示心歸零的寧靜狀態；紅面朝外，代表心情浮動。所以「寧靜手環」其實也是愛心手環，愛惜自己和別人的生命，而寧靜也表示愛地球、愛和平的意思，因為寧靜讓地球能夠從種種傷害裡面慢慢康復，手環的白色朝外，就是說我的心非常寧靜，可以幫助很多需要幫助的眾生，紅色朝

外表示心情、情緒不太好，需要別人來幫助，幫助
自己把心寧靜下來。

　　在寧靜一切下，我們希望能真正落實禪修精
神，真正做到「心平安，世界就平安」。於是我們
向大眾推行禪修的方法，把我自身多年的禪修經驗
的體會與大家分享。不過，在這個忙碌的現代社會
裡，不少人甚至連抽出九分鐘的打坐時間都沒有，
所以，我們又在最近兩三年藉著推廣全球寧靜運動

的這一時機，推出「一分禪」，透過一分鐘的這種禪修，把整個內心的各種浮躁不定的東西都能在最快速的時間裡面安定下來，這「一分禪」的程序是：

深呼吸、合掌、放鬆、寧靜下來、讓心回到原點。

　　這一分鐘的禪法，在我們快要生氣、沒辦法忍耐的時候，能很快地寧靜下來，把心回到它本來的原點。然而，「一分禪」的方法雖然簡單易行，但效果要好的話，了解它的要訣和內涵是十分必要的關鍵，這和所有的禪修方法是一樣的，愈是能夠領會這個一分禪的原理，必然更能體會當中的意義，並能讓自己的生命獲得更大的利益。

一分禪的操作口訣

深呼吸，合掌，放鬆，寧靜下來，讓心回到原點。

一分禪的基本要訣和方法

引言

我們的一分鐘禪，就是平日大家在生活當中，工作忙碌的時候，如果心情不好、心裡很煩，想發脾氣、起衝突的時候，只要做這個最簡單的禪修方法，叫做一分禪，方法是「深呼吸，合掌，放鬆，寧靜下來，讓心回到原點。」這不需要幾分鐘，隨

時都可以做，甚至用不著一分鐘，「心」就可以回到原點，整個身心內外都寧靜下來。

　　或許有人會產生疑問，這短短一分鐘，甚至是一分鐘都不到的禪法，真的能有具體的禪修效果嗎？其實，禪修有很多的方法，而這個一分鐘的禪法，它的原理和方法跟我們一直推廣的九分鐘平安禪基本上是相通的，四階動作的九分禪，具體方法分為調身、調呼吸、調心、聽寂靜等內容，簡單

來說，是身與心兩方面的調整、練習，而一分禪的
「深呼吸，合掌，放鬆，寧靜下來，讓心回到原
點」這幾個簡單動作，也是包含了身和心的調和。

深呼吸

我們看這個「一分禪」的口訣只有短短的五句話:「深呼吸,合掌,放鬆,寧靜下來,讓心回到原點。」首先是深呼吸,也就是吐氣和納氣,深呼吸能把我們身體裡面二氧化碳以及很多的這些穢氣吐出來,吸入含氧的空氣,讓我們身體充氧,這第一步口訣的深呼吸動作,不單幫助我們充氧,也使得身心同時能初步的安定下來。

合掌

　　口訣的第二句是「合掌」，合掌的當下即能幫助身心進入安頓的狀態，因為日常生活裡面，我們的心非常雜亂，難以專心，因此，禪修必然講求如何攝心的問題，「一分禪」與其他禪法的主要差異是沒有太多的時間來調心、攝心，但我們這裡有一個幫助大家快速攝心的方法，就是「合掌」。

　　「合掌」這個動作非常簡單，但其所代表的含義卻十分豐富，「合掌」也稱作「合十」，這個動作可以經常在各種不同宗教儀式中看見，它代表人們向上天或者是諸神的祈禱，也表示尊敬萬物，是人類表達安祥、謙卑的一種十分自然的肢體語言。

　　天台宗的智者大師在《觀音義疏》裡面說：「合掌為敬，手本二邊，今合為一，表不敢散誕，

專至一心；一心相當，故以此表敬也。」所以，在佛法裡面，「合掌」表示專至一心，表達心中的敬意，把散亂的心調好。

因此，在紛擾的日常生活中，「合掌」能夠幫助我們收拾這顆紛亂不安的心，讓心回歸到清淨與安定，並且表示對其他一切眾生的善意釋放，代表了相互的接納與和諧。「合掌」這一簡單的動作，就是把自己心中的和平帶給其他眾生，讓自己和他

人在當下便能夠和平與寧靜。所以，在「一分禪」
口訣裡面，這簡單的「合掌」動作，意義非常深
遠，而在禪修方面的關鍵意義是幫助我們當下調攝
自己的心。

放鬆

　　第三句口訣是「放鬆」，「放鬆」一方面是指身體的放鬆，我們的身體是由地、水、火、風等四大元素組合而成，在禪修的時候，身體放鬆是基本要訣之一，因為唯有放鬆，身體血氣才能暢通，禪修時才容易入靜。另方面，身與心是息息相關的，身體是在空間中由地、水、火、風四大組合成，加上心識而構成完整的有情生命，所以佛法講地、

水、火、風、空、識的六大調和，因此，身體的放鬆必須與心識、心念相互配合，身體若要真的能夠放鬆，心念要能夠放下，放鬆、放下是一體的，能夠放鬆、放下，身與心就可以形成很好的良性循環，這即是禪修時的調身和調心，操作「一分禪」時也一樣，必須放鬆、放下。

寧靜下來

第四句口訣是「寧靜下來」，在這個現代社會裡，我們身心內外都很容易被各式各樣的吵雜資訊所佔據，導致身體僵硬、心念散亂，自己在想什麼也搞不清楚，糊里糊塗就沒有辦法操控自己的想法和做法，可以說整個人被這個爆炸的資訊所控制。因此，第四句口訣是「寧靜下來」，寧靜下來，整個身心內外的能量才可以出來。所以，我們在修平

安禪時，最終的重點是在聆聽安靜、寂靜，這裡修一分禪的時候，沒有太多時間來聆聽寂靜，而是當下要身心寧靜下來，在寧靜當中讓身心祥和，當下契入生命當中的寧靜和平。

讓心回到原點

最後的口訣是「讓心回到原點」，禪修多年的經驗告訴我，寧靜、寂靜是我們生命最原始、最源頭的狀態。禪修可以幫助我們回到這一本來面目，因為每個人都具足真理的元素，這是最原始自己的本地風光。

平常生活中的自己都是往外馳騁，眼睛看的、耳朵聽的，一切都不是真正的自己，這一感受外在

世界的身體也是處於無常世間當中，一切的有為造作早晚也會是煙消雲散。因此，禪修是為了體驗何謂真正自己的本來，這個表面的自己、自我其實什麼都不是，這個身體就像是每一期生命的衣服一樣，會不斷地被替換，只有原本真實的本來面目不會變。

透過各種禪修方法，找到我們真實、古老的這個存在，就在我們生命當下的這份內在找到永恆，活的時候就可以找得到，天堂就在生命的當下。這

是我多年來在塚間、墳墓等地方修行時所體會，最終必須回到靈性，要一直不斷地回到心的原點。

　　一般人若是沒有修行的話，生命是呈現為放射式的往外擴散，一直往外放射、消耗生命能量。在做任何禪修功夫的時候，就是要回到我們的靈性、心性，在寧靜、寂靜當中，生命的原點便會顯現，當生命回到原點，便可以看到真正的自己。因為唯有我們的心回到原點，生命才能得到真正的安頓，

而且只有當我們的心真正平安，用這份力量和能量來影響、迴向給其他眾生，世界也才會平安。所以，「一分禪」最後一句的口訣是「讓心回到原點」，回到本自具足的本來面目。

一分禪口訣的總收攝

「深呼吸，合掌，放鬆，寧靜下來，讓心回到原點。」以上我們分析這「一分禪」口訣要領和意義的時候，可以看到口訣的每一個項目內容都有其豐富和深刻的意義，但這種種的深意並不是要大家用意識來分別其內容，而是在理解當下即以真心來體會這要訣的神髓和意義，這份體會愈是深刻真切，修「一分禪」時的效果就愈能彰顯出來。

　　另外，實際修持「一分禪」的時候，這五項要訣是互為因果的收攝為一體的，是一氣呵成的，從深呼吸、合掌、放鬆、寧靜下來，直至心回到原點，換句話說，這「一分禪」的修持是從身和心的調和當下，即入於寧靜、寂靜的靈性境界。

一分禪與九分禪的關係

　　現在世界各地都有各種不同的小乘、大乘、密乘的禪法傳承，當然，每種禪法的目的都是為了能讓眾生離苦得樂。而靈鷲山主要推廣的是九分鐘的平安禪，這是我自身多年來禪修經驗的體會所歸納出來的方法，從身心的六大調和到最終的靈性快樂，透過這個平安禪的修行，是絕對可以達到的境界。至於這本小冊子談到的「一分禪」，表面上看

似簡單，但其內涵意義是同樣豐富的，也許有人會疑惑，究竟一分禪與九分禪有什麼關係？修一分禪是否可代替九分禪？

若各位有仔細領會這本「一分禪」小冊子的內容，必然會發覺一分禪與九分禪的原理是相通的。簡單的說，對沒有時間修行九分禪的大眾來說，一分禪是一種方便，由於一分禪原理與九分禪相通，我們在進行「深呼吸，合掌，放鬆，寧靜下來，讓

心回到原點」這一分禪的內容時，其實已經在心田種下禪悟的清淨種子，因緣成熟時，會更進一步投入修行，自然抽出更多時間來禪修。而對於平日已有修習九分禪的修行者，一分禪是讓他可以隨時隨地都能夠「複習」禪境界的一大方便。

《禪修筆記系列 01》

一分禪的要訣與方法

作　　者：釋心道
總 策 劃：釋了意

編　　審：靈鷲山研究暨出版中心
主　　編：洪淑妍
責任編輯：阮馨儀
美術編輯：李國銘、宋明展

發 行 人：釋了意
出版發行：財團法人靈鷲山般若文教基金會附設出版社
地　　址：23444新北市永和區保生路2號21樓
電　　話：(02)2232-1008
傳　　真：(02)2232-1010
網　　址：www.093.org.tw
讀者信箱：books@ljm.org.tw

法律顧問：永然聯合法律事務所
初版一刷：2011年12月
定　　價：220元
I S B N：978-986-6324-12-3(精裝)

國家圖書館出版品預行編目（CIP）資料

一分禪的要訣與方法 / 釋心道作 -- 初版
-- 新北市：靈鷲山般若出版，2011.12
面：公分 --（禪修筆記系列：1）
ISBN 978-986-6324-12-3（精裝）
1.禪宗 2.佛教修持 3.佛教說法
225.87　　　　　　　　100025571